I0071338

RECUEIL

DES USAGES

AYANT, EN DEHORS DU CODE CIVIL, UN CARACTÈRE LÉGAL

dans le canton de

BELLEVILLE (Rhône)

D'APRÈS LES COMMISSIONS CANTONALE ET DÉPARTEMENTALE
INSTITUÉES PAR ARRÊTÉS PRÉFECTORAUX DES 26 AVRIL
ET 7 OCTOBRE 1855
EN EXÉCUTION D'UNE CIRCULAIRE MINISTÉRIELLE DU 15 FÉVRIER 1855

IMPRIMÉ A LA DILIGENCE ET PAR LES SOINS DE

M. P. GOYARD

Directeur de l'Imprimerie générale du Rhône et ex-greffier de la Justice de Paix
dudit canton de Belleville

————— ◦◦◦◦◦◦ —————

DÉPÔT LÉGAL
Rhône
27 271
1879

Pièce
8°J
306

LYON

IMPRIMERIE GÉNÉRALE DU RHONE

P. GOYARD, Rue de la Belle-Cordière, 14.

—

1879

TABLE SOMMAIRE

NOTICE DE L'IMPRIMEUR

Le code civil, dans plusieurs de ses articles, s'en réfère, pour le mode d'exécution des dispositions qu'ils contiennent, aux usages constants et reconnus qu'il ne définit pas autrement.

Dès lors, ces usages varient, naturellement, suivant les lieux dans lesquels ils sont établis, et pour cette raison, ils sont appelés *usages locaux*.

Dans l'intérêt des services administratifs et des tribunaux chargés d'en faire l'application, il importait, pour leur donner une autorité légale, de préciser ceux de ces usages qui, par leur caractère de généralité, d'uniformité et de permanence dans la circonscription où ils sont en vigueur, réunissent les conditions essentielles de toutes dispositions législatives.

A cet effet, et en vertu d'une circulaire de M. le Ministre de l'Agriculture, du Commerce et des Travaux publics du 15 février 1855, une enquête fut ouverte par MM. les Préfets de tous les départements de France et confiée à une commission instituée dans chaque canton, sous la présidence de M. le Juge de paix, puis à une commission centrale formée au chef-lieu du département.

Les documents qui sont résultés de cette enquête, dans le canton de Belleville (rapport de la commission cantonale du 24 octobre 1855 et rapport de la commission départementale du 7 juin 1856) déterminent cette sorte d'usages, et sous la forme d'un questionnaire, constituent un recueil qui en est la codification.

Ce recueil se compose des douze paragraphes et quarante-six articles qui suivent:

§ I

DE LA CLOTURE DANS LES VILLES ET FAUBOURGS

Art. 1° — *Quelle est la règle admise par l'usage, pour les dimensions, en hauteur et en épaisseur, du mur destiné à opérer la clôture obligatoire entre voisins, dans les villes et faubourgs? (Art. 663 C. civ.).*

La hauteur du mur doit être de deux mètres soixante centimètres, et l'épaisseur de cinquante centimètres.

§ II

DE L'INVÊTISON DES ARBRES ET DES HAIES

Art. 2. — *A quelle distance de la ligne séparative des héritages doivent être plantés : 1° les arbres à haute tige ; 2° les arbres à basse tige; 3° les haies? (Art. 671 C. civ.*

La distance requise pour les arbres à haute tige est de deux mètres;

La distance requise pour les arbres à basse tige est de cinquante centimètres;

La distance requise pour les haies vives est de cinquante centimètres.

Les arbres, à haute ou basse tige, plantés le long des cours d'eau sont ordinairement affranchis de l'observation des distances légales.

Ceux, à basse tige, plantés devant un mur, sont soumis à la règle suivante :

Si le mur appartient au propriétaire de l'arbre, l'arbre peut être planté immédiatement contre le mur;

Si le mur est mitoyen, à seize centimètres du mur ;

Si le mur appartient au voisin, à cinquante centimètres

Art. — 3. *Y a-t-il une distance exceptionnelle prescrite pour certains arbres, tels que noyers, châtaigniers etc?*

Non, les anciens usages à cet égard ne sont plus observés.

Néanmoins, lorsque les branches sont tolérées au-delà de la limite séparative, le propriétaire du fonds n'a pas le droit de cueillir les fruits pendants à ces branches; il peut seulement ramasser ceux qui tombent d'eux-mêmes, lorsqu'ils sont à terre.

Art. 4. — *A quels caractères distingue-t-on les arbres à haute tige et les arbres à basse tige?*

En général, on considère comme arbres à haute tige tous ceux qui sont destinés à s'élever à plus deux mètres de hauteur, à l'exception du *saule* qui, bien qu'il soit, par sa nature destiné à s'élever à plus de deux mètres, est considéré comme arbre à basse tige, et, par suite, peut être planté à cinquante centimètres du champ voisin, à la condition qu'il soit rigoureusement étêté à deux mètres de hauteur.

Art. 5. — *A quelle mesure l'usage a-t-il fixé la hauteur et l'épaisseur des haies?*

La hauteur de la haie est d'un mètre et la largeur ne doit pas dépasser l'espace donné à son invêtison.

§ III.

DE L'INVÊTISON DES FOSSÉS

Art. 6. — *Quelle distance doit exister entre le fossé et la ligne séparative des deux héritages ?*

Cette distance est de trente-trois centimètres mesurés à la superficie, en observant de donner au fossé un talus proportionnel à sa profondeur ; ce talus doit être entretenu par le propriétaire du fossé.

§ IV

DES PROCÉDÉS DE BORNAGE

Art. 7. — *Quels sont les procédés de bornage admis par l'usage ? (Art. 646 C. civ.)*

Le bornage s'effectue par des pierres brutes garnies de fragments d'une même pierre, qu'on appelle *garants* ou *témoins* et qu'on place de chaque côté de la borne parallèlement à la ligne de démarcation, On y joint quelquefois une troisième pierre appelée *talon* et posée derrière la borne, pour indiquer sa direction.

On se sert également de pierres taillées marquées des initiales du nom des propriétaires.

Il arrive aussi qu'on prend pour points de démarcation, des croix gravées sur des rochers adhérents au sol, et des arbres qu'on laisse sur la limite des deux champs et qu'on appelle *terminaux.*

Ces deux derniers modes de bornage sont peu usités.

§ V

DES PASSAGES

Art. 8. — *Quelle est la largeur prescrite par l'usage :*
1° pour le passage à talons ou sentier ; 2° pour le pas-
sage à cheval ou mulet ; 3° pour le passage à voiture ?

La largeur du sentier ou passage à talons est d'un
mètre ;

La largeur du passage à cheval ou mulet est également
d'un mètre ;

La largeur du passage à voiture est de trois mètres.

§ VI

DES BOIS TAILLIS

Art. 9. — *Quel est, habituellement, l'intervalle de temps*
qui sépare chaque coupe de bois taillis ? (Art. 590,
C. civ.)

Cet intervalle de temps est, en moyenne, de neuf années, à peu près.

§ VII

DES CANAUX ET COURS D'EAU

Art. 10. — *Quels sont les usages suivis pour le curage des*
canaux et cours d'eau ?

Le curage du canal s'opère par son propriétaire ;

Le curage du cours d'eau, par chaque riverain, devant sa propriété.

§ VIII

DE CERTAINES PRÉCAUTIONS A PRENDRE DANS L'INTÉRÊT DE LA PROPRIÉTÉ VOISINE

Art. 11. — *Quelle est la distance à observer et quels sont les ouvrages de précaution à exécuter en faveur de la propriété voisine pour l'établissement : 1° des puits; 2° des cheminées et âtres; 3° des fours, fourneaux et forges; 4° des écuries et étables; 5° des fosses d'aisance ; 6° des amas de matières corrosives ? (Art. 674 C. civ.)*

Pour les puits murés, aucune distance n'est prescrite ; mais on exige un contre-mur de cinquante centimètres d'épaisseur, descendant jusqu'au-dessous des fondations du mur mitoyen ou non mitoyen, et si le creusement du puits occasionne des dégradations au mur, la réparation est à la charge du propriétaire du puits. S'il y a un puits de chaque côté du mur, un massif d'un mètre d'épaisseur entre-deux suffit.

Pour les cheminées et âtres, aucune précaution n'est prescrite.

Pour les fours, on doit laisser, entre le mur et celui du four, un espace vide de seize centimètres appelé le *tour du chat* ; toutefois ce vide n'est pas exigé des simples particuliers qui ne font pas un feu journalier ; à leur égard, un contre-mur de trente-deux centimètres d'épaisseur est suffisant.

Pour les écuries, étables et amas de matières corro-sives, un contre-mur de trente-trois centimètres d'épais-seur est exigé jusqu'à la hauteur à laquelle s'élèvent les matières pouvant corrompre le mur.

Pour les fosses d'aisance, le contre-mur prescrit est de trente-deux centimètres, et si ce contre-mur est insuffi-sant pour garantir le voisin de toute incommodité, le propriétaire de la fosse doit faire le nécessaire pour ôter tout motif de plainte.

Les chausses et les tuyaux supérieurs des fosses d'ai-sance demandent aussi un contre-mur de trente-deux centimètres.

Art. 12. — *L'emploi récemment introduit des ciments n'a-t-il pas modifié quelques-uns des usages précédemment admis ?*

Cet emploi n'a, jusqu'ici, apporté dans les usages existants, aucune modification bien constatée.

§ IX

DU GLANAGE ET DU GRAPPILLAGE

Art. 13. — *Quels sont les usages relatifs au glanage et au grappillage ?*

Le glanage n'est toléré que lorsque le blé a été enlevé du champ ou mis en meule.

Le grappillage n'est autorisé que lorsque la récolte du raisin est terminée.

Le glanage et le grappillage ne doivent s'exercer que du lever au coucher du soleil.

§ X

DU PARCOURS ET DE LA VAINE PÂTURE

Art. 14. — *Quels sont les usages relatifs aux droits de par-cours et de vaine pâture ?*

Il existe très-peu de droits de vaine pâture ; là où ils existent, ces droits de parcours commencent à s'exercer à la fin de juin, après l'enlèvement du foin, et pour quel-ques prés ils se prolongent jusqu'au premier décembre, et pour le plus grand nombre, ils vont jusqu'au premier mars.

§ XI

DES BAUX A LOYER, A FERME, A GRANGEAGE ET A VIGNERONNAGE

Art. 15. — *A quelle époque de l'année commencent, d'après l'usage : 1° les baux à loyer ; 2° les baux à ferme ; 3° les baux à grangeage ; 4° les baux à vigneron-nage ?*

Ces divers baux commencent tous le onze novembre.

Art. 16. — *Quelle est la durée fixée par l'usage pour cha-cun de ces baux ?*

La durée des baux à loyer est d'une année.

La durée des baux à ferme et à grangeage est de deux années, comme le nombre de soles.

Celle des baux à vigneronnage est d'une année.

Art. 17. — *A quelle époque se paient les prix de ferme et de location ?*

Tous les baux se paient d'année en année.

Art. 18. — *A quelle époque doivent être signifiés les congés : 1° pour chacune des diverses classes de baux à loyer ; 2° pour les baux à ferme ; 3° pour les baux à grangeage ; 4° pour les baux à vigneronnage? (Art. 1736 C. civ.)*

Pour les baux à loyer, le congé doit être signifié *trois mois* avant le jour de l'expiration du bail. Il sera signifié *six mois* avant cette époque si le bail s'applique à une usine, une forge, une boulangerie, un moulin, une tannerie ou à tout autre établissement exigeant des constructions particulières.

Pour les baux à ferme ou à grangeage, ils devraient, aux termes de l'article 1775 du Code civil, finir de plein droit à l'expiration de la deuxième année, sans qu'il fût nécessaire de donner congé ; mais l'usage prévaut et exige le congé.

S'il s'agit d'un corps de domaine ou de ferme de terres labourables, un congé de *six mois* est de rigueur, et lorsqu'il y a des vignes dans le domaine, le principal domine, et le congé de *six mois* doit être maintenu.

Pour les baux à vigneronnage, le congé de trois mois avant l'expiration du bail est valable, lors même qu'il y aurait quelques terres labourables.

Art. 19. — *Quelle est la durée attribuée au nouveau bail par la tacite reconduction ?*

Celle qui est attribuée aux baux faits sans écrit ou sans stipulation de durée.

Art. 20. — *A quelle époque commence pour le locataire sortant l'obligation de souffrir la visite de l'appartement?*

Cette obligation ne commence que le jour de la sortie.

Art. 21. — *A la fin du bail, n'existe-t-il pas en faveur du locataire sortant un délai de faveur pour opérer le déménagement?*

Il n'y a pas d'usage établi sur ce point.

Art. 22. — *A qui incombe la charge du balayage des cours et escaliers de la maison louée?*

Il n'y a aucune règle établie à ce sujet.

Art. 23. — *Quelles sont les réparations auxquelles l'usage attribue le caractère de réparations locatives? (1754 C. civ).*

On s'en réfère, généralement, à cet égard, aux dispositions du code civil.

Art. 24. — *Sur qui pèsent, soit dans les baux ruraux, soit dans les autres, l'impôt foncier et l'impôt des portes et fenêtres?*

Ces deux impôts sont payés en totalité par le propriétaire.

N. B. C'est par erreur que la commission départementale met ces deux impôts à la charge du preneur.

Art. 25. — *Comment est-il d'usage de constater l'état du domaine ou de la maison à l'entrée et à la sortie du fermier et du locataire?*

Par un état des lieux qui est dressé volontairement par les parties, sinon par un ou plusieurs experts.

Art. 26. — *Quels sont les usages relatifs à l'ordre des assolements?*

L'ordre des assolements est généralement biennal.

Art. 27. — *Le droit colonique, c'est-à-dire le droit appartenant au fermier, au granger, ou au vigneron de recueillir, après l'expiration du bail, la moitié de la récolte qu'ils ont mise en terre, pendant sa durée, s'étend-il à toutes espèces de récoltes?*

Le droit colonique qui est exercé par les vignerons comme par les fermiers et grangers, à l'exception, toutefois, des terres provenant de vignes arrachées et qui doivent être replantées l'année suivante, ne s'applique qu'à la récolte de froment ou de seigle ; il ne s'applique jamais à celle qui vient sur *retroublage*, et, par suite, la récolte de colza en est formellement exclue.

Le fermier sortant ne peut prendre sur *retroublage* qu'une récolte dérobée, telle que raves, blé noir, etc., qui se recueillent avant sa sortie.

Lors de la moisson qui suit la sortie du fermier, le transport des gerbes de la terre à l'aire ou *suel* s'effectue avec les *applais* ou attelages et les bouviers du nouveau fermier ou du propriétaire ; seulement les bouviers sont nourris par l'ancien fermier, pour lequel ils travaillent.

Art. 28. — *Quelles sont les obligations principales imposées par l'usage au fermier, granger ou vigneron en sortant?*

Le fermier sortant doit faucher les prés, faner l'herbe, engranger le foin, lorsque le fermier entrant ou le pro-

priétaire le lui commande. Il doit s'abstenir de faire con-
sommer par son bétail aucune partie de ce foin, même
sous prétexte de labours ou de charrois. Le fermier entrant et le propriétaire sont autorisés à faire fermer le
fenil à clef, s'ils le jugent convenable. Les vieux foin,
regain, trèfles, luzerne et autres plantes fourragères doivent suffire à l'alimentation du bétail, sans qu'il puisse en
être enlevé aucune partie.

Art. 29. — *A qui appartiennent, pendant le cours du bail,*
les arbres morts, la tonte des arbres vifs et des haies,
les sarments et les ceps ?

Les arbres morts appartiennent au propriétaire; la
tonte des arbres vifs et des haies, au fermier, granger ou
vigneron. Le fermier sortant ne peut faire, la dernière de
son bail, qu'une coupe de bois égale à celle des années
précédentes, soit des arbres, soit des haies.

Les ceps se partagent et les sarments appartiennent au
vigneron.

Art. 30. — *L'usage attribue-t-il au fermier, granger ou*
vigneron, le droit de couper dans les bois ou sur les
arbres du domaine, le bois nécessaire à la fabrication
ou à la réparation des instruments d'agriculture ?

Ce droit n'est nullement accordé.

Art. 31. — *Quels sont, dans les diverses espèces de baux,*
les usages relatifs aux cheptels ?

Il n'y a rien de bien précis à ce sujet ; les conventions
font la loi des parties dans le plus grand nombre des cas.

Art. 32. — *A la charge de qui sont les semences ?*

Le plus souvent, elles sont fournies par le cultivateur qui les reprend au moment de la récolte.

Art. 33. — *Par qui doit-être supporté le paiement des pailles, fourrages, engrais, plants et échalas achetés pour le service du domaine ?*

Les pailles, fourrages et engrais s'achètent de moitié. Dans le bail à vigneronnage, le fumier est exclusivement répandu sur les vignes. Les plants de vigne sont, généralement, payés par le propriétaire. Les échalas sont achetés de moitié.

Art. 34. — *Par qui sont fournis les outils nécessaires aux travaux d'agriculture et particulièrement les cuves, ger les et bennes employées à la vendange?*

Les outils nécessaires aux travaux agricoles sont, en général, fournis par le cultivateur. Les cuves et pressoirs sont toujours fournis par le propriétaire et les bennes par le vigneron.

Art. 35. — *Aux frais de qui s'opère le transport des récoltes, notamment des récoltes de vin ?*

Aux frais des vignerons, fermiers et grangers. Le vigneron transporte le vin de son propriétaire, de la cave chez le marchand qui l'achète. Le propriétaire nourrit le vigneron, ou il paie à celui-ci vingt-cinq ou cinquante centimes par pièce, suivant la longueur du charroi.

Art. 36. — *Les fermiers, grangers ou vignerons sont-ils tenus du transport des matériaux nécessaires aux réparations des bâtiments qu'ils occupent ?*

Oui.

Art. 37. — *Aux frais de qui sont arrachées les vignes hors*
de service et qui est chargé de défoncer le terrain destiné
à la plantation des nouvelles ?

Les ceps sont arrachés aux frais du vigneron et le terrain des nouvelles plantations est défoncé aux frais du
propriétaire qui supporte également les frais des plantations.

Art 38. — *Outre la moitié des fruits, le granger et le vi-*
gneron ne doivent-ils pas au propriétaire certaines
prestations ?

Le propriétaire fournit une maison avec des prés suffi-
sants pour nourrir deux, trois ou quatre vaches, suivant
l'importance du domaine. Le vigneron paie en retour au
propriétaire, pour loyer de la maison, profit du bétail et
remboursement de sa part d'impôts, une somme fixe en
argent avec des redevances en beurre, fromage, volailles,
connues sous la dénomination de basse-cour. Tous les
autres produits tels que blé, vin, haricots, pommes de
terre, fruits, bois, sont partagés par moitié.

§ XII

DES DOMESTIQUES ATTACHÉS A LA PERSONNE.
DE CEUX ATTACHÉS A L'AGRICULTURE — DES OUVRIERS

Art 39. — *Les domestiques attachés à la personne sont-*
ils engagés pour un temps fixe ou pour un temps indé-
terminé ?

Les domestiques attachés à la personne ne sont, généralement, engagés que pour un temps indéterminé.

Art. 40. — *Chaque partie est-elle toujours libre de rompre le contrat à son gré et sans indemnité ?*

Chaque partie est toujours maîtresse de rompre le contrat, sans indemnité, à la seule condition de prévenir l'autre un certain nombre de jours d'avance ; ce nombre de jours est de huitaine.

C'est par erreur que la commission déparmentale fixe ce délai à quinze jours.

Art. 41. — *Pour quelle durée de temps les domestiques attachés à l'agriculture ont-ils l'habitude de louer leurs services ?*

C'est ordinairement pour une année ; il y a exception pour les bergers qui ne se louent pas habituellement pour la saison d'hiver.

Art. 42. — *A quelle époque commence le temps de louage des domestiques agricoles ?*

Il commence le 24 juin, le 25 décembre ou le 11 novembre.

Art. 43. — *Si l'une des parties rompt, sans motifs légitimes, le contrat de louage, une indemnité est-elle due, et sur quelle base se calcule cette indemnité ?*

Une indemnité est due par celle des parties qui rompt le contrat sans motifs légitimes. Cette indemnité varie de quotité suivant les circonstances, notamment, suivant le temps qui reste à courir, suivant l'importance du gage, et surtout, suivant l'époque de l'année où la rupture est survenue.

Art. 44. — *Les ouvriers à la journée, à la semaine ou au mois, peuvent-ils être renvoyés par le maître à la fin de la journée, de la semaine ou du mois, sans que le maître soit tenu de les prévenir d'avance ?*

Oui.

Art. 45. — *Par qui sont fournis les outils pour cette classe d'ouvriers, et sur qui pèse la charge de les entretenir ?*

Le soin de les fournir et de les entretenir est à la charge de l'ouvrier.

Art. 46. — *L'usage de recevoir, en paiement, des affanures, subsiste-t-il encore pour les ouvriers employés à moissonner et à battre le blé, et en quoi les affanures consistent-elles ?*

Les affanures subsistent et se prélèvent sur la récolte en gerbes dont la onzième appartient, à ce titre, à l'ouvrier.

La paille provenant des affanures appartient à l'ouvrier ; mais il l'abandonne au propriétaire ou fermier qui le nourrit pendant qu'il bat ces affanures et ainsi cette paille reste au domaine.

TABLE ALPHABÉTIQUE

Lyon, imprimerie générale du Rhône. — P. Goyard.

www.ingramcontent.com/pod-product-compliance
Lightning Source LLC
Chambersburg PA
CBHW050439210326
41520CB00019B/5992